Inhalt

Unternehmenssteuerreform - derzeit diskutierte Modelle

Kernthesen

Beitrag

Fallbeispiele

Weiterführende Literatur

Impressum

GENIOS WirtschaftsWissen Nr. 04/2006 vom 03.04.2006

Unternehmenssteuerrefo - derzeit diskutierte Modelle

A. Kaindl

Kernthesen

- Die Bundesregierung will zu Beginn des Jahres 2008 die Unternehmensbesteuerung neu regeln.
- Das dabei verfolgte Ziel ist eine international wettbewerbsfähigere Unternehmensbesteuerung, die Finanzierungs- und Rechtsformneutralität weitestgehend gewährleistet.
- Bei der Umsetzung ihres Vorhabens kann sich die Bundesregierung auf die vom Sachverständigenrat und der Stiftung Marktwirtschaft ausgearbeiteten

Steuerreformkonzepte stützen.

Beitrag

Ein Umbau des deutschen Steuersystems ist dringend geboten. Im internationalen Vergleich schneidet das deutsche Unternehmensteuerrecht katastrophal ab. Es gilt als willkürlich, kompliziert und ungerecht.

Status quo der deutschen Unternehmensbesteuerung

Bislang unterliegen Kapitalgesellschaften (AG, GmbH) dem Satz der Körperschaftsteuer von 25 Prozent. Hinzu kommt die Gewerbesteuer von durchschnittlich 14 Prozent. Die Gesamtbelastung beträgt somit 39 Prozent. Damit liegt Deutschland im internationalen Vergleich an der Spitze. Personengesellschaften hingegen zahlen Einkommensteuer. Deren progressiver Tarif beginnt bei 15 Prozent und endet bei 42 Prozent. Personengesellschaften müssen zwar auch Gewerbesteuer zahlen, können diese bisher aber weitgehend mit der Einkommensteuer verrechnen. (1)

Ziel der Bundesregierung ist es, bessere Anreize für

Investitionen und Unternehmensansiedlungen in Deutschland zu setzen. Deshalb soll die Steuerlast auf ein international wettbewerbsfähiges Niveau reduziert und die Unternehmen künftig unabhängig von ihrer Rechtsform besteuert werden. Für das Jahr 2008 hat die große Koalition eine Unternehmenssteuerreform angekündigt. Als Basis für dieses Vorhaben sollen die zu diesem Thema von der Stiftung Marktwirtschaft und dem Sachverständigenrat ausgearbeiteten Konzepte dienen. (1), (2)

Konzept der Stiftung Marktwirtschaft

Das Konzept sieht vor, dass alle Unternehmen ihren steuerlichen Gewinn künftig nach gleichen Prinzipien ermitteln und einem konstanten Satz zwischen 19 und 22 Prozent (allgemeine Unternehmensteuer) unterwerfen. Wird der Gewinn im Unternehmen investiert, bleibt es bei dieser Belastung. Wird der Gewinn hingegen an die Anteilseigner ausgeschüttet, müssen diese die Differenz zwischen dem Firmentarif und ihrem persönlichen Einkommensteuersatz nachzahlen.
Die Gewerbesteuer wird abgeschafft und durch eine kommunale Unternehmensteuer von sechs bis acht

Prozent mit Hebesatzrecht ersetzt. Gewinn- und kommunale Unternehmensteuer sollen zusammen maximal 30 Prozent betragen. Dadurch würden die Unternehmen um EUR 9,7 Milliarden entlastet. Noch besser wäre eine maximale Besteuerung von 25 Prozent, das ist jedoch angesichts der Finanzlage der öffentlichen Haushalte derzeit nicht umsetzbar. (1)

Um Personengesellschaften, die 85 Prozent der deutschen Unternehmen stellen und größtenteils weitaus weniger als 30 Prozent Steuern zahlen, nicht zu benachteiligen, enthält das Stiftungsmodell für diese eine komplizierte Ausnahmeregel. Betroffen von der Ausnahmeregel sind Personengesellschaften, die weniger als EUR 120 000 jährlich erwirtschaften. Diese Ausnahmeregel soll garantieren, dass künftig niemand mehr Steuern zahlt als bisher. (3), (4)

Bei einer Unternehmenssteuerbelastung von 30 Prozent, würde dieses Modell für den Fiskus Einnahmeausfälle in Höhe von EUR 10 Milliarden bedeuten. (3)

Steuerkonzept des Sachverständigenrates

Das Konzept der "Dualen Einkommensteuer", dass

der Sachverständigenrat zur Begutachtung der gesamtwirtschaftlichen Lage entwickelt hat, unterscheidet nur noch zwei Einkunftsarten, die steuerlich unterschiedlich behandelt werden: Kapital- und Arbeitseinkommen. (2)

Für Arbeitseinkünfte soll weiterhin die Einkommensteuer mit ihren progressiven Sätzen zwischen 15 und 42 Prozent gelten. Bei den Arbeitseinkommen ist nach Ansicht der Ökonomen keine Entlastung erforderlich. Die Abgaben auf Kapital, welches international sehr viel mobiler als der Faktor Arbeit ist, müssen hingegen aus Gründen der internationalen Wettbewerbsfähigkeit gesenkt werden. (2)

Kapitalgesellschaften sollen künftig 25 Prozent Ertragsteuern auf ihre Gewinne zahlen das wären rund 14 Prozentpunkte weniger als bisher. Derzeit summieren sich Körperschaftsteuer, Solidaritätszuschlag und Gewerbesteuer auf 39 Prozent. In dem gesenkten Satz wären sowohl der Solidaritätszuschlag als auch die in eine "kommunale Unternehmensteuer" umgewandelte Gewerbesteuer enthalten. Kern des Konzepts ist ein "Schutzzins" von etwa sechs Prozent. Eigenkapitalrenditen bis zu dieser Höhe blieben beim Investor steuerfrei. Dies hätte zur Folge, dass Investieren attraktiver wird und die Finanzierungen mit Eigenkapital nicht länger gegenüber kreditfinanzierten Investitionen benachteiligt werden - heute können Kreditzinsen als Kosten geltend gemacht werden, die Eigenkapitalrendite nicht. (2), (3), (8)

Die Aktionäre müssen Dividenden nur dann im Rahmen der Einkommensteuer versteuern, wenn sie die marktübliche Kapitalmarktrendite (etwa sechs Prozent) übersteigen. Die Belastung bei den höheren Dividenden soll maximal 25 Prozent betragen. (2)

Der Sachverständigenrat spricht sich gegen eine einheitliche Unternehmensteuer aus. Personenunternehmen seien im Hinblick auf ihre rechtliche und wirtschaftliche Struktur zu vielgestaltig, um einen einheitlichen Steuersatz anwenden zu können. Eine einheitliche Unternehmensteuer würde gerade für viele kleinere Unternehmen zu einer erheblichen Mehrbelastung führen. Deshalb sollen sie auch weiterhin der Einkommensteuer unterliegen. Allerdings wollen die Wirtschaftsweisen auch Personenunternehmen steuerlich entlasten. Sie sollen Gewinne unterhalb der marktüblichen Kapitalverzinsung (rund sechs Prozent) ebenfalls pauschal mit 25 Prozent versteuern. Darüber liegende Gewinne unterlägen dann wieder dem individuellen Einkommensteuersatz. (2)

Das Modell des Sachverständigenrates ist im Grunde

eine Flattax, das heißt eine niedrige Pauschalsteuer auf Kapitalerträge. Mit der Pauschalsteuer kann die unterschiedliche Besteuerung von Unternehmensgewinnen, Zinsen, Dividenden und Kursgewinnen vereinheitlicht werden. Diese Pauschalsteuer kann aber nur dann Steuerflucht und Arbeitsplatzverlagerungen verhindern, wenn der Satz möglichst niedrig ist. Das führt zwangsläufig anfänglich zu hohen Steuerausfällen; kann aber in den Folgejahren zu einem Wachstumsschub führen. (4)

Schätzungen gehen davon aus, dass die Umsetzung dieses Modells zu Steuerausfällen in Höhe von EUR 22 Milliarden führt. (5), (6)

Reaktionen auf die vorgestellten Modelle

Der Wirtschaftsweise Peter Bofinger übte heftige Kritik am Konzept der Dualen Einkommensteuer: Die Kosten für eine solche Unternehmensteuerreform seien viel zu hoch und nicht zielführend. Zudem bevorzuge das Konzept Personengesellschaften. Die Arbeitnehmer hingegen müssten im europäischen Vergleich die zweithöchste Belastung hinnehmen. (2)

Der Hauptgeschäftsführer des Städte- und Gemeindebundes lehnte das Konzept des Sachverständigenrates ab, wegen der damit verbunden verheerenden Steuerausfälle. (2)

Die Wirtschaft begrüßte die Pläne des Sachverständigenrates. Der BDI-Hauptgeschäftsführer Klaus Bräunig vertrat gegenüber der Presse die Meinung, dass die duale Einkommensteuer Anreize für Unternehmensansiedlungen und Investitionen in Deutschland schaffe. (2), (8)

Bei den Steuerexperten im Bundesfinanzministerium genießt der der Vorschlag der Stiftung Marktwirtschaft größere Sympathien, da dieses Modell so angepasst werden kann, dass es dem Staat nicht zu hohe Steuerausfälle beschert. (3)

Fallbeispiele

Das Konzept des Sachverständigenrates würde dem Fiskus mit EUR 22 Milliarden zunächst viel Geld kosten. Dank der Reform, so haben die Sachverständigen errechnet, würde das

Bruttoinlandsprodukts aber mittelfristig um 4,7 Prozentpunkte steigen - und damit auch das Steueraufkommen. Der Kapitalstock der Volkswirtschaft werde um 9,8 Prozent und die Arbeitsnachfrage um 1,1 Prozent steigen. Im Gutachten ist festgehalten, dass eine Verbesserung der Standortqualität nicht zum Nulltarif zu haben ist. Senkt die Regierung den Steuersatz mit Rücksicht auf die Staatskasse anfangs nur auf 30 Prozent, würde dies immerhin noch zu Einnahmeausfällen für den Staat von EUR 15 Milliarden führen. Eine solche Entscheidung, würde jedoch zu Lasten der Standortattraktivität gehen. (5), (7), (8)

Weiterführende Literatur

(1) Alle Unternehmen gleich behandeln Stiftung Marktwirtschaft und Wirtschaftsweise liefern Grundlage für Steuerreform der Regierung
aus DIE WELT, 15.02.2006, Nr. 39, S. 12

(2) Deutschland ist für Unternehmen ein Hochsteuerland. Um den Standort attraktiver zu machen, schlagen die Wirtschaftsweisen einen radikalen Umbau des Steuersystems vor Luft für die Wirtschaft Sachverständigenrat will mit Steuerkonzept Unternehmen entlasten
aus DIE WELT, 15.02.2006, Nr. 39, S. 12

(3) SPD: Duale Einkommensteuer zu teuer
aus Handelsblatt Nr. 033 vom 15.02.06 Seite 4

(4) Radikal oder mutig
aus Handelsblatt Nr. 033 vom 15.02.06 Seite 8

(5) Der Sachverständigenrat belebt die Steuerdebatte
aus Frankfurter Allgemeine Zeitung, 15.02.2006, Nr. 39, S. 12

(6) Wirtschaftsweise streiten über Steuern
Ratsmitglied Bofinger verreißt eigenes Reformkonzept · Professor fürchtet hohe Einnahmeausfälle und geringe Wirkung
aus Financial Times Deutschland vom 14.02.2006, Seite 11

(7) Fünf Weise wollen Firmen massiv entlasten
aus Süddeutsche Zeitung, 14.02.2006, Ausgabe Deutschland, S. 21

(8) Rat verspricht Wirtschaft Entlastung
aus Handelsblatt Nr. 032 vom 14.02.06 Seite 3

Impressum

Unternehmenssteuerreform - derzeit diskutierte Modelle

Bibliografische Information der deutschen Nationalbibliothek

Die Deutsche Nationalbibliothek verzeichnet diese Publikation in der deutschen Nationalbibliografie; detaillierte bibliografische Daten sind im Internet über http://dnb.d-nb.de abrufbar.

ISBN: 978-3-7379-1338-6

© 2015 GBI-Genios Deutsche Wirtschaftsdatenbank GmbH, Freischützstraße 96, 81927 München, www.genios.de

Alle Rechte vorbehalten. Dieses Werk ist einschließlich aller seiner Teile – z.B. Texte, Tabellen und Grafiken - urheberrechtlich geschützt. Jede Verwertung außerhalb der Grenzen des Urheberrechtsgesetzes bedarf der vorherigen Zustimmung des Verlags. Dies gilt insbesondere auch für auszugsweise Nachdrucke, fotomechanische Vervielfältigungen (Fotokopie/Mikroskopie), Übersetzungen, Auswertungen durch Datenbanken oder ähnliche Einrichtungen und die Einspeicherung und Verarbeitung in elektronischen Systemen.